Squared Away!
2

Nils M. Ofstad

BEWARE
OF
DOG
0552 © 2009 Nils M. Ofstad/ distr. Bulls

PANG!

1162 © 2012 Nils M. Ofstad/ distr. Bulls

1146 © 2012 Nils M. Ofstad/ distr. Bulls

0790 © 2010 Nils M. Ofstad/ distr. Bulls
NICE AND
SLOW...

9

1150 © 2012 Nils M. Ofstad/ distr. Bulls

CAREFUL GUYS...
IT COULD BE
PIRANHAS HERE!

CENTRE
FOR
CHILD
RESEARCH
0865 © 2011 Nils M. Ofstad/ distr. Bulls

HELIUM

1
2
3

1066 © 2012 Nils M. Ofstad/ distr. Bulls

1103 © 2012 Nils M. Ofstad/ distr. Bulls

UUUUUUUL
1208 © 2012 Nils M. Ofstad/ distr. Bulls

OLÉ!
1220 © 2012 Nils M. Ofstad/ distr. Bulls

1086 © 2012 Nils M. Ofstad/ distr. Bulls
OPERATING
ROOM

1285 © 2013 Nils M. Ofstad/ distr. Bulls

1260 © 2013 Nils M. Ofstad/ distr. Bulls

1263 © 2013 Nils M. Ofstad/ distr. Bulls

BEWARE
OF
DOG

1245 © 2013 Nils M. Ofstad/ distr. Bulls

GRRRRR!

36

DRESSUR

1757 © 2017 Nils M. Ofstad/ distr. Bulls

1272 © 2013 Nils M. Ofstad/ distr. Bulls

MANUAL

...8...7...6...
Fsssssssss

MOTOR
1415 © 2014 Nils M. Ofstad/ distr. Bulls

1431 © 2014 Nils M. Ofstad / distr. Bulls

1432 © 2014 Nils M. Ofstad / distr. Bulls
2
1
3

1417 © 2014 Nils M. Ofstad/ distr. Bulls

1423 © 2014 Nils M. Ofstad/ distr. Bulls

1379 © 2014 Nils M. Ofstad/ distr. Bulls

1381 © 2014 Nils M. Ofstad/ distr. Bulls

1385 © 2014 Nils M. Ofstad/ distr. Bulls

1545 © 2015 Niis M. Ofstad/ distr. Bulls
2
1
3
4

1560 © 2015 Nils M. Ofstad/ distr. Bulls

1719 © 2016 Nils M. Ofstad/ distr. Bulls

WARNING
QUICKSAND

STILL MAD?
0817 © 2010 Nils M. Ofstad/ distr. Bulls

DYNAMI

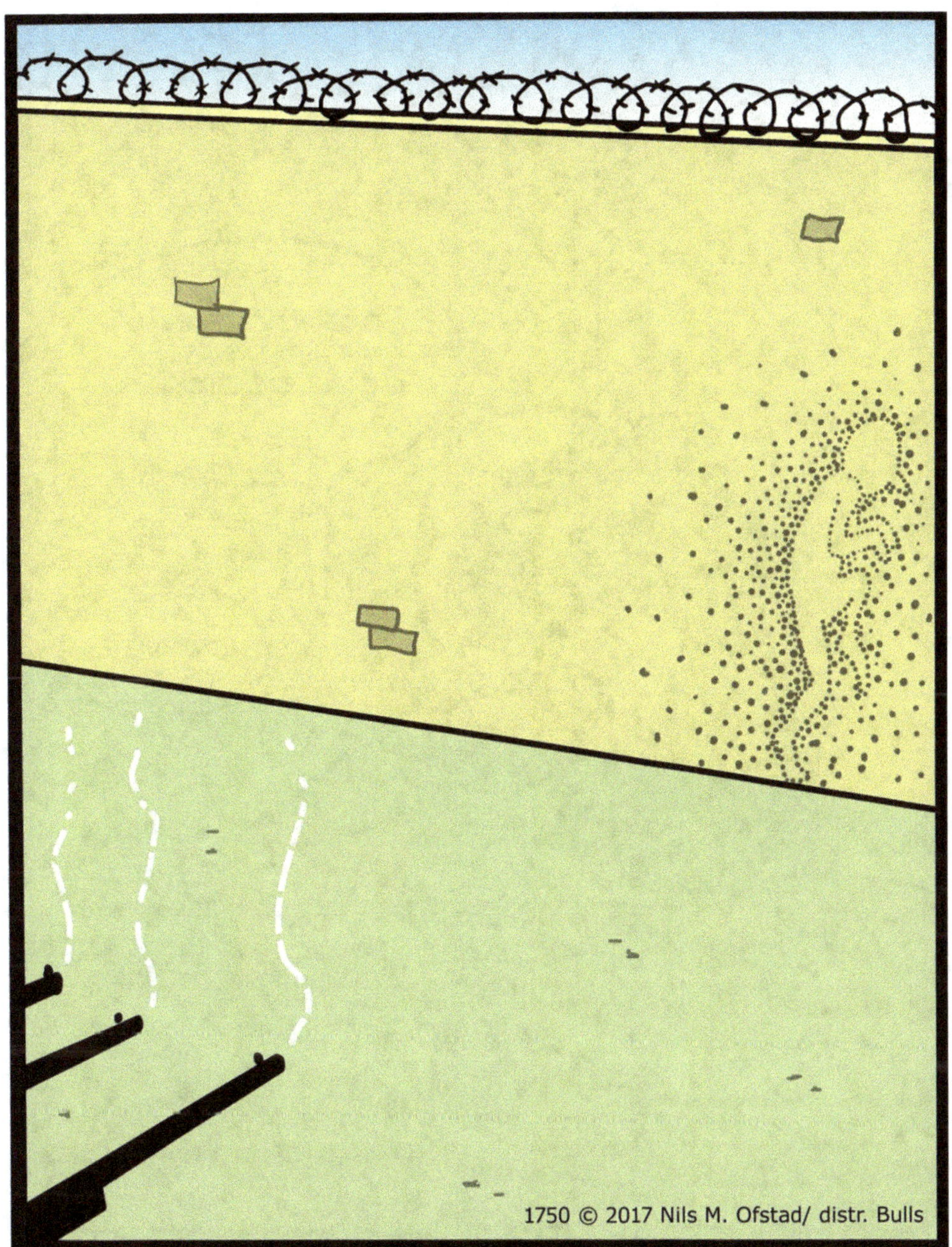

1750 © 2017 Nils M. Ofstad/ distr. Bulls

THE VOICES IN MY HEAD ARE GONE, DOCTOR...
HOWEVER...
0882 © 2011 Nils M. Ofstad/ distr. Bulls

WARNING
QUICKSAND